期待一只待有缘的手

QIDAI YIZHI
YOUYUAN DE SHOU

邓 燕 著

文匯出版社

序
邓燕的诗

邓燕的诗,恢宏、大气。在她这本诗集《期待一只有缘的手》中,尤以《天路》《路出纤道处》和《祁连山印象》,最为突出。

《天路》,即通向天堂的路,以前人的身躯铺排,以灵魂的步履延伸,用一双鞋证明路有多远,用一顶帽子当一枚邮戳拍下,路的尽头,仍是路,没有抵达,只有开始。

在《路出纤道处》中,绘出曾经的脊背拉走那个时代的生息与繁衍。在《废墟》中描绘出的一切都已风化、远去,只有芨芨草在风沙中猛长的现实,无不展现出诗人以广阔的胸襟、哲理的思辨,展现出人生生生不息、历经坎坷而代代相传的历程,这也许就是中华民族民族精神的所在。

我之所以把《祁连山印象》一诗,看作诗人恢宏、大气的缩影,是因为我读过近半个世纪以来诗人们写祁连山的诗,与这首诗相比,都显得小气。而邓燕的这首诗,却以灵感所至,以意象的延伸,从不同侧面,把祁连山雕塑成立体的多姿多彩的形象,从而展现出诗人的气度。

读邓燕的诗,发现她的诗行中常有李清照、苏东坡等的诗句镶嵌其中,仿佛信手拈来、自然流泻。她创作的根,也深扎在古典诗词中。

邓燕是个旅人,又是个摄影家,对古镇、古桥、古遗址、古村有特殊的敏感,如行家里手,注入情,发于诗。

我不知邓燕是否是大家闺秀,但她的不少短诗,常以大家闺秀的眼光和心灵,倾吐爱和美,像荷、蕊、秋、春等等。

然而,作为诗人、当代诗人,邓燕对当今的疫情,对孩子的学习、考试、成长的关切,对农村的变化,也时时倾泻于她的诗行中。

每个时代都有每个时代的诗歌和诗人。在当今时代,他们可以紧握诗的接力棒,写出具有独特个性和独特立意的诗来。

以上的文字,是老友王晨光让我为邓燕这本诗集的出版写个序而写出的,不当之处,请指正。

关登瀛

2021年10月17日写成

序
诗与摄影的"约会"

邓燕的作品集,也许可以归类为"摄影文学",又和定义中的"摄影文学"不同。因为关于摄影文学的定义是:按照艺术创作的规律,通过一幅或者多幅摄影画面表现的、运用文字说明或描述,形象地创造生活世界、塑造人物、抒发情感的综合艺术形式。而邓燕的作品集,用她自己的话来说,是文学散文诗,也就是以诗歌为核心的文学作品,辅之以摄影的视觉描述,提升艺术的表现力。对我而言,出于专业的摄影背景,却更想将其称之为摄影文学。因为十多年前,我曾写过这样一段文字,对当时新生的"摄影文学"进行了描述:摄影文学就是用光与影的纪实,结合文字的节奏和旋律,在时空之间寻找最完美的"情人",选择最温柔的时刻,在一个最合适的位置上,完成一次认认真真的约会。

摄影文学的创作的确有其难度,它要求摄影艺术突破传统的纪实性,而且把文学的艺术语言变成直观形象,把文学想象的描写变成可视的画面,使它既有美的视觉形象,又有精致的语言艺术。

所以我更看重的是，在照片和文字互动过程中所产生的复合审美价值，远非单独的命题照片或者单独的文学语言所能媲美。当然，邓燕的作品是以诗歌为核心的，她的诗非常具有年轻态，且不乏当代性。诗的节奏在穿透时空的过程中，含蓄且有力。转而看诗歌所配合的画面，也从不同的角度强化了这样的穿透力和想象空间：如《守护》中虚实相间的色彩和影调控制，《同行》中不断延伸的沙漠足迹，以及《相看两不厌》中自然与文化符号的对话等等，以藏而不露的视觉形态恰到好处地提升了文学的意境，强化了情感的力量。许多照片都配合得非常巧妙，或者反过来说，诗歌的含蓄表达借助摄影的视觉表现力，也从不同的面向引发了阅读者更多样化的思考。当然，其中的一些摄影作品相对而言稍显简单了些，或者说比较直白。整体的拍摄技法不错，画面本身也很美，但是因其直接的说明性，反而减弱了诗歌的想象空间，因而不利于诗歌意境的拓展。这也让我想到了一个问题：当独立的摄影作品或者诗歌文学已经具备了不错的艺术底蕴，如何将其并置在一起产生更大化的艺术效果，正是前面我所说的"摄影文学"的特征也是难点所在——在一个最合适的位置上，完成一次认认真真的约会！

邓燕的作品很耐读，先读出这样的一点感悟，还可以继续深入。

林路
2021年11月于上海

序
那红叶 玉丝穿心

偶尔会想一个问题：假如那年秋天没去鲁院镀金，我会不会遇到邓燕呢？无从知晓。有趣的是，1998年的秋天我去上鲁院了，一根筋地。在搭上地气就有文学奇迹出现的以鲁迅冠名的学院，两年后的秋天，我与邓燕相遇。那天下午没课，我站在盥洗室池子边洗衣服。眼梢给什么惹了一下，扭头看，原来是一件红色丝质衬衣。那红红得正，不是大红不是粉红不是莓红，而是写意香山衔满忧郁的殷红。"你的衬衣很好看！""你真有眼光。我也是一眼看中的。"镜子里的女生更清晰：肤白目慧，清纯甜美，面带被认同的惬意。"湖南的对不对？""你怎么知道？""好亲切的湖南口音。湘普！"写到这里，二十一年前盥洗室的笑声伴着浓郁的书香气噎得我心儿颤颤。

上完鲁院在北京成了北漂一族，漂了几年南漂到了上海，成了一名自由撰稿人。安居乐业的一天电话铃响。对方问我是不是马忠静。我说是。问她是谁。她让我猜。湘普，轻柔而亲和！不用猜。

我说你是邓燕。笑声从电话那端传过来。这样的机缘巧合并不多，但它真真切切发生了。没曾想邓燕也在上海安营扎寨了。于是郊区的我与市区的她有一搭无一搭走动起来。

这年代搞文学，我俩颇有点英雄惜英雄的味道。彼此是珍惜也是敬重。

湘女多情。邓燕除了多情也很重义。现如今生活节奏太快，每人每天都被什么赶着往前迅跑，许多人和许多事被快速地疏远着、遗忘着，我对此习以为常了。有一天，却突然收到一个包裹，寄出人写的是邓燕。打开一看，是一件波点连衣裙。这时电话来了，她是邓燕，问我收没收包裹。我说收到。她说这是她远在美国的闺蜜送给她的。裙子很漂亮但更适合我，让我随意穿不要客气。分明就是友情馈赠却用了这样的说辞，就像后来请我听一场音乐会硬要说成陪她听。与她相处很轻松、舒服，没有负重感，感觉不到丁点压力。我俩就这样断断续续地打个电话，发个微信，聊点生活，侈奢的时候，小聚一次，喝杯她自己现磨的浓香咖啡。

她酷爱竹子，并非附庸风雅的爱，是真爱。她爱竹子中的凤尾竹，喜欢"扶疏绿竹满盈窗"的境界，喜欢阳光透过玻璃窗将竹影映在地面的美感。不管住哪，她家总会有一盆竹子在窗外随风摇曳，而室内总是简洁中透着雅致，低调中散发墨香的古朴韵味，正如她为人为文的精神气质与审美情趣。每天上午收拾完房间，便是看书、写作，享受文字带来的美感。她喜欢划重点、做笔记，她阅读过的《花间集》，被她的蓝笔、红笔画满了重点线，最后，整本书都是重点了。笔记本里，《花间集》从色彩到气味到听觉整整列了一大本。当今社会，将一本书读成这样，也是另类一枚了。

是的，扯了许多都没挨着文学的边。其实，文学正是在这些点滴里生发着。邓燕挟着自己钟爱的文学在这条貌似不起眼的市井烟火气的路上一路向阳。在容易被忽略的日常生活里滚雪球般地精进。她在鲁院搭完地气就悄然准备起飞。第一部试飞成功的作品就是30万字的长篇传记《骄阳泪》。我眼中的大部头。其实,善良而颇具慧根的人一般做事会相对顺遂。离开北京当年正赶上长沙板仓纪念馆(现改为杨开慧纪念馆)发起的纪念杨开慧诞辰100周年约稿活动。长沙市博物馆馆长得知邓燕从北京镀金归来,诚约她写一部杨开慧的长篇传记。当时她答应得并不爽快,因为没底气。到底写不写得成呢?仅仅是踏着烈士足迹采风就不容易,更别说写作要靠功力。但王立华馆长鼓励邓燕拿出杨开慧当年干革命的劲头,先把任务接下来,然后为她提供了有关杨开慧的所有素材和资料,这些原始资料加上邓燕多次奔赴烈士故居找灵感,完成了这部具有历史意义的长篇传记。邓燕说,这辈子还要感恩戴德的人,是福建莆田文学院院长黄玉石老师,当年正是他无私地帮助她进行文本架构,细致到每一章、第一节的情节安排。她终于用一个女人细腻的情感和优美的文笔完成了人生第一部文学作品——《骄阳泪》。

当年,《人民日报(海外版)》和《长沙晚报》这样评价本书:《骄阳泪》是国内外首部以文学形式全方位展示杨开慧烈士英勇悲壮的一生的长篇小说。该著极具人性化地描写了杨开慧丰富而博大的情感世界,揭示了她的伟大精神之所在。

她赠的这本书就放在我书架上较显眼的位置。我觉得这本书的可贵,在于把杨开慧当成一个有血有肉有情有爱的女人来写,写尽了一个女人的人性之美、情爱之美。革命不是标签,烈士不是符号,干革命的女人也是最出色的妻、最棒的妈。

近些年,邓燕一边研究并出版有关佛教经卷方面的书籍,一边默默地在自己的文学苗圃耕耘。读小说、读历史、读诗歌、写专栏、写长篇、写美食……将她的苗圃打造得牢固厚实，满庭芳菲。

《期待一只有缘的手》更像是天赐神韵，水到渠成。

它是邓燕诗歌与摄影作品珠连璧合的一本集子，囊括了邓燕近几年完成的115首诗歌和从上万张图片中选择的110帧摄影图片。全书共分六个板块，写情爱的《守望》，写景色的《咸梦》，写人性的《人淡如菊》，写风物的《西窗》，写植物的《向一棵麦子道谢》，开卷就能粘住读者的迷走神经，可以边读诗边看美景；也可以盯着美景来读诗，更可以根据图片发挥读者自己的想像，感悟到不一样的人生况味……不难从书中嗅到"蒹葭苍苍白露为霜"的浪漫；读到"泪无痕 鬓满霜"的伤感；悟到"红藕香残玉簟秋，轻解罗裳，独上兰舟"的闲愁……

读万卷书不忘行万里路。邓燕早就这么做了。山水还是那个山水，无论是巍巍青山还是壁立千仞，在邓燕的镜头里，山水成了另类山水，可悲可喜，也可不喜不悲。在她妖娆的五光十色的镜头里，无论是天高云淡，还是纤弱生灵，总能传递给读者别样的人生况味与哲思感悟。真担心影响看官们阅读的第一眼惊艳，在这里，略去摘抄的原文及大诗人的评论了。

文学的美妙在于能悟不能诉。穷尽笔墨终究不能说清端于眼前的各式美丽。生活在继续，文学无止歇。我们只看到她背着近十公斤的摄影器材在高原、沙漠、寺院、古镇忘情按着快门，不知她也会被突如其来的眼疾乱了阵脚；只知她笑颜明媚，不知她也曾泪枕长夜；只见她精致时尚地坐在上海外滩喝下午茶，不知她穿着平底鞋粗布衣在云南高原、西藏雪山走着大女人的别样风彩。

本文显然不是一篇中规中矩的序。那又怎样？权当一个怀旧的契机也可以。一个向岁月向青春向文学向鲁院向友情向爱情感恩致敬的契机。在笔尖抵达这些文字的时候，那些离我们远去的日子变得那么温婉黏人让人笑中带泪。这篇序一定程度唤醒了储存于记忆中的东西。借用歌词感叹一下吧："就算生活给我们无尽的苦痛折磨，我们还是感觉幸福更多。"

　　序，已然超越了序本身。

马忠静
2021年11月于上海

目录

序

▶ 邓燕的诗 / 关登瀛　001
　诗与摄影的"约会" / 林路　003
　那红叶　玉丝穿心 / 马忠静　005

守望

▶ 让我悄悄靠近你 003　　　守望 005
　同行 007　　　　　　　　柳帘 009
　等你 011　　　　　　　　人间有味是清欢 013
　今夕清辉静享时 015　　　团聚 017
　思念 019　　　　　　　　相看两不厌 021
　流泪的雪 023　　　　　　等…… 025
　时光是一把筛子 027　　　眺望 029
　寄…… 031　　　　　　　寄…… 033
　相约 035　　　　　　　　寂寞是一帘无望的幽梦 037
　哈雅丝的秘密 039

人淡如菊

- 鱼化石 043
- 轻轻踏在你的梦上 047
- 藏春 051
- 人淡如菊 055
- 抵抗 059
- 在一只猫的监视下 063
- 愧疚 067
- 老人与孩子 071
- 慢生活 075
- 老茶馆 079
- 都很好……083
- 一只忧伤的猫 087

一个人的海 045
追逐 049
飞翔的美丽 053
数羊 057
抱紧深秋 061
海雾 065
古桥剪影 069
泥孩子 073
独坐阳台 077
取暖 081
脚步，从襁褓开始 085

西窗

- 寄…… 091
- 禅门 095
- 路出纤道处 099
- 烟火 103
- 到玉佛禅寺吃茶 107
- 废墟 111
- 曦之吻 115
- 空…… 119
- 门当户对 123

夜河 093
西窗 097
水乡古镇 101
石油小镇遗址 105
废墟 109
香草祭 113
售楼女孩 117
狄金森的窗 121
月光霓裳 125

咸梦

- 种 129
- 诗意地栖居 133
- 暖星 137
- 春寒水色有无中 141
- 美丽的皱褶 145
- 天路 149
- 祁连山印象 153
- 弦月天窗 157
- 伤痛日的雪 161
- 藏区掠影 165
- 秋的残骸 131
- 咸梦 135
- 金色滨江 139
- 茗盉品雾 143
- 蓝色的爱 147
- 杰作 151
- 勾蓝水 155
- 造一个夜晚 159
- 钓 163

心光乍现

- 爱的定义 169
- 太阳宴 173
- 香道 177
- 号码 181
- 影子 185
- 灵魂在痉挛 189
- 奶瓶撞亮了夜的网 193
- 守护 197
- 镜像 201
- 辛追夫人 205
- 绿色童年 209
- 飘移境像 213
- 心光乍现 171
- 祭祖 175
- 天使,别走…… 179
- 我想知道…… 183
- 泄漏 187
- 习惯…… 191
- 祈祷,爱的另一种形式 195
- 夏的午后 199
- 网 203
- 孤独的小黄车 207
- 马路是一只长长的漏斗 211
- 变脸 215

期待一只有缘的手

借一把天梯 219
期待一只有缘的手 223
清新何赖一枚石 227
静笃且听游云 231
兰花的道歉 235
橘子红了 239

褪到红藕香残时 221
生命必须承受之轻 225
春犹在 229
哭泣的灯笼花 233
向一颗麦子道谢 237
面朝菜场 蔬果生鲜 241

后记

万物皆有缘 243

为你，我会年复一年地轮回
在你来处
——
等你。

守望

写于2018年2月14日 情人节

让我悄悄靠近你

所谓雪,即泪的精华
所谓蝶,即蛹的蜕变
冷也冷过冰点了
痛也痛到极限了
等也等至无语了

这里,仿佛一切都在解冻,一切都绿得虚无,绿得烂漫,绿得如一夜纯真的梦魇。

就选择在今天吧!

让我悄悄靠近你……
不为你栖居的山茶花,瓣的丰腴,蕊的汁蜜
不为你坚毅的翅翼,撑起我的屋脊
只因你伤感的气息,沧桑的容颜和并不美丽的美丽
只因期待与你翩舞在春天的风里,看柳丝飞舞,看青草漫溢,看孩子乐放高飞的纸鸢……
只为那一句藏了一辈子都无法开口的三个字
——
我爱你。

让我悄悄靠近你。

期待／只有缘的手／4／守望

守望

在没有期许的一瞬,你的美让我窒息。

一袭青衣,半点朱红,神秘如天人,静穆如孤鹤。
你因我而来,却有说不尽的心事……你的孤寂让我痛惜。
多想搅你入怀呵!
却不能够。

我即将结籽离去,腐化为泥。
……
就让我悄悄地,悄悄地,凝视你吧!
为了来世的守望,
将浑然不觉的你,凝成画,凝成诗,凝成音乐,凝成我纯黄纯黄的爱的记忆。

为你,我会年复一年地轮回
在你来处
——
等你。

期待 只有缘的手／6／守望

同行

共一个焦点
我们同行
裸足一域
地球的妊娠纹
美丽地起伏
轻柔地呼吸
以及
海浪
悸动的心灵

蓦然回首
我泪眼涔涔
在走过的每一寸光影里

你在我的脚踝旁
我在你的脚窝里

即兴 一只有缘的手 / 8 / 守望

柳帘

谁将贺知章裁剪的柳丝,
经千年的风,
吹挂眼前?
排着春的体香,绿的曲线。
在缠缠绵绵的温柔里,一不小心,
便串成行,串成列,串成网,串成我一生也走不出的
——
思念。

不围闺阁,胜围闺阁,
不是珠帘,胜似珠帘。
……
只为了
彼岸
你煜煜的眼。

等你

笛音从山的对面吹来
借着高原的风
顺着静谧的湖
沿着"蒹葭苍苍,白露为霜"的故事
及三千年前开始的等待

只因相逢过同一片蓝天
只因"在水一方"惊鸿的一瞥
只因前世未了的情缘……
我终于轮回到这里

等你,为我洗濯苍老憔悴的脸
等你,为我梳理枯萎稀薄的发
等你,听我读着印在蓝天的诗
等你,听我吟唱与风笛合奏的音乐
等你,和我一起以柔韧之躯,顶一方晴朗朗的天
……
等你
——
不在今生
就在来世

人间有味是清欢

总有那么一天吧?
你,置一支长笛,不吹;架一管狼毫,不染。
我,设一盘熏香,不燃;合一本宋词,不念。

驾一叶小舟,在朗朗晴空里,就白居易的红泥小火炉,酿一罐新醅绿蚁酒;沏一壶苏氏的春前茶,品一盏雪沫乳花的香……人间有味是清欢。
任风,缓缓将我们带走,任透蓝透蓝的默契,静穆如水般漫溢
漫过芦荻,漫过黄花,漫过心与心的堤岸。

总有那么一天吧?
好风如水
真水无香
真情不言

今夕清辉静享时

相聚了,便不会相思,也不再牵念
手与手的一握间,如海天的一遇,徐徐地,徐徐地漫过彼此的堤岸……
什么都不用说了
静
——
最深沉的一种语言

写于2021年9月21日 中秋节

团聚

他说,在一个不能团聚的团聚的日子,他很抱歉。这里的月亮是勿忘草的颜色。

她默默地,摆一盘月饼,燃一柱沉香,闭目、听风、冥想,任眉间睫水盈盈地,把天染蓝,把水染绿,把芦苇染黄……

把月亮摘下,洗个澡,再挂回天边。

她说,这里的月亮也是勿忘草的颜色。

她说,同一个时辰观赏同一个月亮,不是团聚,那是什么。

2020年春晚 摄于长沙湘江上空

思念

世界亮了
恍若半世的心
碰溅
红的、黄的、紫的……
漫溢水天间

我于是借用天使的手
收集异彩光华
搓捻……
捻成一根根掠过湘江的线
牵上你的肩
绕上我的肩
接通怎么流也流不尽的
——
思念

相看两不厌

踞足一隅，忆不起自己在大唐还是明清，在乌衣巷的某个琥珀色黄昏，失陷于触碰你的一瞬。
……
于是，
你幻化成一只鸟，望而无语，把自己凝固成一首小诗。
我枯萎成疾，落花成泥，把自己缩成虚无，印成斑驳，耗成一个千古绝唱的故事。
在相看两不厌间
——
沉沦

流泪的雪

宁愿你是巧克力蛋糕上软糯香腻的奶油；宁愿你是一方高古瓷盘上，那抹光润千冬的甜白釉。
你是雪，
是默默流泪的雪呵。

我该去哪里寻一双红舞鞋，踏步你的胸襟，假装舞蹈？我该用哪一种语言，惊起你对一座山，一条河的记忆？我该用哪一份冬的礼物，诱引你一颗执傲而高冷的心？
……
可我，
又怕你痛。

为了一句前世的承诺，你宁愿将自己孤寂地消融，纯粹地消融，肃穆地消融……你宁愿化作云，化作雨，化作密林徘徊的雾霭，化作叶脉晶莹的霜珠……

你宁愿，
握不到我的手。

2021年摄于湖南岳阳张谷英村

等……

并非面壁九年的参禅洞
并非映出佛形的达摩墙
并非盘腿冥坐的蒲团墩

当一把民间木椅
与一尺光影相遇
岁月也停滞了
等待便开始了

不是所有的等待都是寂寞
不是所有的寂寞都很无奈
等待一个爱的人
即使黑发吹成河岸的白芦
即使眼睛凹成庭院的枯井
即使脊背弯成屋檐的门拱
即使将一把磨光的旧椅坐穿
……
九年又九年
等待也会变成幸福
寂寞于是变得充盈

与达摩面壁的神性
有什么区别

时光是一把筛子

蛰伏一隅
静静地等你
你的爱
慢慢成熟
慢慢长成一棵伟岸的树

总以为水蜜桃永远甘美新鲜
总以为每一个阅读的夜晚都是雨打芭蕉
总以为去年的菊花今年照样馥郁芬芳
总以为
……
时光是一把筛子
筛去爱的曾经
筛去生命不能承受之轻

见你 已是

泪无痕
鬓满霜

2015年6月摄于美国缅因州海滩

眺望

夜
撩起一块黑布
将白昼笼住
只为了
让你安眠

而我
只想悄悄在你床前铺一块水织绣毯
将你的梦
引到我面前
只想录下我的声音
将我的呓语
在你梦中盘旋

你以一枚石的形象
隐身在黑夜里
亲爱的
我却可以看到你
你的孤寂而沧桑的气息

隔海眺望
驶来的
不是船
是一波一波无边的思恋

无边的思恋哦
——
你把我望成了诗
我把你望成了石

2017年摄于云南昆明滇池

寄……

还等多久
你能接受我的爱

沐风栉雨间
你耗费了毕生精力
原谅我的日记里
没有你的踪迹

我愿是你一方停歇的小洲
等你收拢翩飞的翅翼
我愿是你的一个终点
等你完成未了的顾眷
我以凝视苍穹的目光
给出对你深情的凝视
我以臆想窎远的沙漠
给出对你无边的遐思
我以看顾一脉绒茎的温柔
给出对你的呵护
我以每个清晨的祈祷
给出对你真诚的祝福
……
但我不会告诉你
我的手臂已渐渐疲惫
渐渐苍老
渐渐萎成一棵
——
干枯的树

还等多久
你能接受我的爱

写给一位脑中风的朋友。

寄……

一定有更毁灭的爱
在星空悲泣
一定有更遗恨的诀别
在沙罅隐匿
不然
沙漠玫瑰怎么总不开放
天空怎么黑得如此彻骨
荒野怎么变得如此邃寂

夜的沙漠
绵重如泥
每一步
都有一个委屈的灵魂喘息
每一瞥
都有一双嗔怪的眼睛

也许
宁愿用一个美丽的谎言慰藉

而今
错过了抱歉便有了更深的抱歉
失去了相遇便失去了一生的相遇

此恨绵绵
……

摄影 房毅〔美〕

相约

我们曾相约到凡尘。

你在天堂迟缓一日,我已在人间耽搁千年。一个灵魂与另一个灵魂的相约,就这样擦肩而过。

在无尽的轮回里,我踯躅独行,疲惫已极。

我冷……

某个清晨,一股熟悉的气息,环绕以降,浓浓淡淡,远远近近;一缕清香的风,拂扇而至,柔柔软软,轻轻又轻轻。

猛然想起一线奇峰中的薄雾,依稀记起一条河的蓝影……

是你?

悄悄地,
悄悄地,
以温暖之翼
——
将我
抱紧

寂寞是一帘无望的幽梦

这里
除了静
便是寂
便是空与漠
便是隔与膜

爱在帘对岸爱过
梦在帘里面梦过
多少柔情 多少蜜意 多少缠绵 多少缱绻……
一转眼 便
泪沾衾枕冷
画帘晚堂空
谁在唱《一帘幽梦》
等待一位解情衷的爱人
谁在吟《倚危亭》
怀想春风十里的佳人

寂寞是一帘无望的幽梦

薄薄的纱帘
如蜻蜓之翼
城墙般地
将阳光分割
将帘内与帘外分隔
将今夕与往昔分隔
将幸福与悲痛分隔
这绝望的分隔呵
——
与其隔帘叹息
不如转身
离开
自由地寂寞
自由地远行

哈雅丝，一种法国葡萄酒名

哈雅丝的秘密

当世界喧嚣淳香的喜悦
当琼浆冲击餐桌的杯碟

有一抹神隐
绝世而孤立
以最大的从容与诚意
尊重自然

阳光下
深情的手 自信的手 轻柔的手
向砂土 阳光 湿润的风借力
撒向一只只纯净的眼睛
等待它们的成熟

那些望向天空的精灵哦
轻盈
以空前的耐心

以极致的执着
终于抚出了迟到的珍稀
酿出了高雅的传奇

选择一杯哈雅丝吧
里面有一个天大的秘密
选择了哈雅丝
就是选择了等待
就是选择了爱情
就是让爱在怀旧的地窖里
慢慢成熟
慢慢发酵
让幸福的蜜桃液
进入身体

微醉 微醺
今夜无眠

人淡如菊

我只想
将血脉注入大地
将双脚栽进泥土
把自己开成一朵
——
迎风的菊

鱼化石

地球的一个翻身
将纤弱的你
印成不朽
一瞬

千万年了
你的鲜活凝成一具
永恒的艺术
你的骨骸粹成一方
典雅的镇纸

而今
我用一天的时间注视毫不自知的你
精巧的轮廓
美丽的生命线
……
直到眼睛生痛
直到想哭
直到
你在我的书桌上
甩着尾巴游泳

一个人的海

秦时海
汉时风
不是一日长似一年的等待
就是一年短似一日的幸福
女人
在塞塞窒窒的烟火间
玫瑰蜜的馨香
冰肌玉洁的骨
被时间的刀
一寸寸划过
一寸寸暗淡
一寸寸衰竭

好在
某一个生命的黄昏
做了一次海员
远航细弱的声音
以自己的形式胡言乱语
甩动笨重的衣袖
不顾形象地取悦自己

在一个人的海域
自娱
探险

摄影 陈卫

轻轻踏在你的梦上

裹挟一路风尘
我疲惫已极
在一个阴翳霜雪的一瞬
轻轻踏在你的梦上

但我不愿——
扇动的翅翼
掀乱你整洁的秀发
滴水的羽毛
濡湿你干爽的衣襟
坚硬的嘴唇
触碰你柔软的小手
粗犷的歌喉
惊醒你温情的梦魇
不愿——
我的艰辛连同我一生也卸不掉的使命
压痛你纤细的身躯

于是
我飞……

而你
——
不要醒!

追逐

惊鹿般的眼
追逐着这个世界的暗喻
一不小心,便碰触了蕊芯

时间凝固了
风在林间也已停歇
只有阳光抚慰之声
以及羽翼的坠地
动魄惊心

那纷纷坠落的
不是羽翼
是你追逐的
一片片
艰辛

摄影 房毅 [美]

期待一只有缘的手 / 50 / 人淡如菊

藏春

秋把巢儿吹落,在地面飘零;冬用雪花压进小巢,冷霜将把你冻醒;夏蝉吵热这个世界,连池边的蛙都为它鼓劲。也许,还有人类的石子与猎枪的偷袭。

只有春天。

我要采集整个春天,将春天藏进翼里,将和美的风,夕阳的云,翠绿的水,和人们的笑靥……和一切美好的事物。

收集。

在你破壳的时候,孩子,我将张开羽翼,将整整一个春——

全都给你。

摄影 唐春晖

飞翔的美丽

你用纤弱的喙,衔着苔藓、兽毛和花屑,将带血的巢在风雨中艰辛筑起;你把折损的羽悄悄掖进疲惫的身躯,把染尘的翼钻入清水洗涤……

然后
——
你飞。

蓝宝石的眼耀亮了湿漉漉的世界,飘逸的尾带将一个沉闷的夏日拖醒。

你从大唐霸气的廊柱飞来;从朱阁华丽的檐壁飞来;从摇曳流光的绣帘飞来;从女人丝滑的裙裾上,云鬟的钗头上飞来……

以一种绝伦的美丽。

人们
只看到你
——
飞翔的美丽。

2020年摄于甘肃雅丹地貌

人淡如菊

贫瘠到透骨
干涩到锈蚀
这里
真想借用天女的花篮
向大地撒上一场厚厚的鲜花雨
牡丹的艳丽
桂花的芬芳
荷花的水润
……
而我
登高
不为向世界展现自己的身影
不为读一本辽瀚的天之书
不为追问天地万物的本源

神灵的启示
此岸与彼岸
不探来时的路有多远
归去的路有多久
以及……

世界静穆
我只想
将血脉注入大地
将双脚栽进泥土
把自己开成一朵
——
迎风的菊

2020年5月,去青海湖途中,偶入日月山村

数羊

羊将日月山村
啃成一座半月山
将云朵嚼碎
将晚霞染蓝
涌动着
山的灵魂
云的歌声
流动着
一条彩色的天际线

诺塔在格桑花开的山坡看羊
母亲绣着一只五羊鞋垫
而另一只
在父亲的脚下被青草舔舐
爷爷的马头琴
拉着文成公主唱过的歌
随着倒淌河
向西
静静流过
……
在一只鹘鹰的嘶鸣声中
父亲赶紧圈羊
"一只、二只、三只……"
诺塔搂着一只小羊羔
也数羊
"卓玛、顿珠、次仁、索朗……"
他数着

每只羊都有一个美丽的名字

嘉峪关,看见一只独立城墙的鸟

抵抗

大漠,雪山
关内,关外
曾经的金戈铁马,刀光剑影
曾经的旌旗猎猎,战马嘶鸣
骁勇的壮士
灵魂已刻入民族的记忆
喋血的身躯
化作城墙下的泥

中原安逸
生灵喘息
一切
归于
静谧
……
而今天
一只独立城墙的鸟
以小小的身躯守关
以小小的力量抵抗
抵抗
——
关于一只鸟的宿命

2018年11月摄于浙江余姚四明

抱紧深秋

风有些凉了
爱却已经熟透
对面山坡流淌的彩色
从春天的嫩绿到盛夏的绚烂
一路走来
欲望却变得越来越紧
越来越沉甸甸

驶入一池从春到秋的皱水
从那里
看到天空、云迹与山影
看到一个深情款款的世界

我一个颤栗
抱紧秋天的颜色
抱紧沉重的期许
抱紧更加沉重的告别
抱紧那最危险的一瞬

不敢回头
那摄入灵魂的美丽

在一只猫的监视下

她从绒床上站起,用迟疑的双眸回味忧伤的梦境,用贯穿到每一个细部的优雅舔舐自己。大张旗鼓地发声,肆无忌惮地求食,摊开信任的小肚皮。

更多的时候,静卧一处,注视着我坐下又站立,站立又坐下,独自给寂寞添点热情,给失望添点依靠,给孤单添点念想……注视我每天都做着同一件事,将同一件事咀嚼消化与回收,将同一件事当成一顿丰盛的晚宴。

她默默计算我生命的年轮,数着我日益花白的头发,以一位哲人的眼光对我不屑——

"主人,不捕猎,不抓鱼,可真是,无可救药。"

2017年2月摄于浙江海盐 海岸

海雾

行走在海岸
一片海和我
各自陷在各自的雾里
无此岸亦无彼岸地
默默潜行

更多的茫然
更多的留白
更多的梦与幻影

多想是一只鸟呀
只轻盈一跃
便抖落一身的雾
便看得见前面的路
有多遥远
就有多神奇
有多崎岖
就有多绚丽

愧疚

一片云在天空飘移
便散了
没能为大地洒上甘露
她感到很愧疚

一丝微风在林间吹过
便消失了
没能给人类带来清凉
她感到很愧疚

一粒稻谷遗落在田间
便化了
没能为主人提供丰收
她感到很愧疚

一丛浪花拍击礁石
便碎了
没能推进一只远航的船
她感到愧疚

一朵花在山涧开放
便谢了
没能给世界提供芬芳
她感到很愧疚

而我
生而为人
便老了
没能给人类奉献什么
我感到很愧疚

2021年5月摄于湖南永州上甘棠古村落

古桥剪影

主人醒了
牛儿饱了
他们缓慢走向那方熟稔的耕地
走向只有他们知道的地方
说着谁也读不懂的语言
昨天一株兰草开出了乳白的花苞
一尾鱼儿在水田洗澡
青蛙却在田埂蹦跳
摩崖碑林的石缝接到天穹了
文昌阁的樟木被时光啄成斑斓
张家的娃儿考上大学走了
李家的漂亮姑娘不知嫁往何处
……
千年的步瀛桥呀
不是人赶牛
也不是牛拉人
而是被天空记录到了
被阳光剪辑到了
和谐的影

人与牛的距离
有时比人与人的距离
——
近

老人与孩子

老人与孩子
是世界的两极
串起一根起点与终点的
生命线

老人静坐花坛
将空气攥紧手中
将阳光藏进衣襟
将花香裹入发际
将世间的一切都看成珍稀
孩子撒腿奔跑
飞舞小手
将夏季的风闹醒
将清冷的广场烘热
滚动着一朵朵五彩云

老人在行走
一步一脚把故事留在身后
孩子在奔跑
一蹦一跳扑向未来的故事

2021年5月摄于湖南张谷英村

泥孩子

泥孩子
被妈妈用一根树枝赶着
回家了
像赶一只拱满泥的小乳猪
只有眼睛向他的乐园
不舍地滴溜着
泥是那样柔润馨香
与床上的棉被一样

我要睡了
他关闭夜的门
晚安 星星
晚安 月亮
晚安旷野行走的风和萤火虫的光亮
晚安田间的蝌蚪翻土的泥鳅和小蜻蜓美丽的翅膀
晚安山间绽放的木耳蘑菇和鸟儿的歌唱
晚安老屋的天井屋顶的阳光及磨坊咯吱的音响
……
我要做一些兴趣盎然的梦
我的梦一定是彩色的一定有你们
直到明天的黎明
直到
黎明
我推开家门
迎接一个最新鲜的自己
和最新鲜的太阳

慢生活

我如果当不成一只高飞的雄鹰
俯瞰大地
一日千里
我不愿当一只蹦蹦跳跳的袋鼠

我宁愿当一只笨笨的蜗牛
背着全部的家什
用一个季度的时间爬向一棵葡萄树
宁愿享受大地的泥土香
细赏叶的茎脉 花的蕊萼
宁愿享受清晨的第一丝空气
鸟儿的第一声歌唱

我宁愿把生活
慢成一曲孤独的音乐
爬成一首艰辛的小诗

但我爬过的地方
没有谁像我一样
——
都留下了途经的印迹

独坐阳台

台风天
独坐阳台
一场庞大的演出
雨的舞蹈 电的闪烁
雷的轰响 风的奏鸣
我成了一片
没有眼睛的树叶
很多的我随风吹去
更多的我
春芽般冒出

夜晴天
独坐阳台
将自己沉入海底
我成了一条
没有耳朵的鱼
世界只有一个我
一个
唯一的我

没有谁可以代替

2017年10月摄于成都彭镇观音阁老茶馆

老茶馆

微凉的竹椅，热烘的煤饼，缺口的茶具，铁壶翻滚水井的甜沁，盖碗捂住茶树的香馨，在一杆旱烟的缭绕与一张报纸的传递间，木柱上的时钟，似乎不起作用了，而墙壁上的日历，翻过一页又一页，成都老茶馆的时间，纠结在茶的浓香里。

百年的灰飞烟灭，百年的沧海桑田，百年的物是人非，成了今天年轻人的网红热衷地。

是的，这里的时光被削成了一根针，从吱呀的门缝挤进，在透光的屋檐穿行。老茶客们品着新鲜的嫩叶，在添添续续，你斟我让间，品着友情，品着笃定，品着闲适与温润。

生活是一种态度。
老茶客们用一杯茶诠释一个小小的秘密
所谓时尚
是古旧
不是簇新

2018年摄于云南西双版纳一农家小院

取暖

抿过青丝,抱过小娃的纤润的手;扛过锄头,洗过衣襟的疲惫的手;抚过太阳,摸过大地的深情的手。
枯了!
凉了!
美得不可方物。

谁说的,"我烤着生命之火取暖,火萎了,我也该走了。"

都很好……

每次回乡
父亲总是
用一天的时间
烤一只我早不爱吃的饼
盯着铁模
眼光闪亮
仿佛与我没有半点关系

母亲总是
用一天的时间
从厨房到卫生间到餐厅
叮嘱自相矛盾的养生秘诀
像我曾经绕她脚边
寸步不离

父亲吃饭的时间越来越长了
母亲说话的声音越来越大了
原来
父亲的牙齿掉光了
母亲的耳朵失聪了

而他们在电话里总是笑
总是说
放心
放心
都很好
……

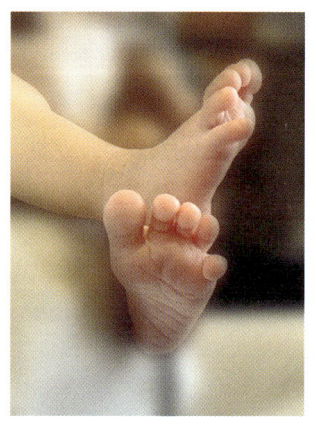

写于2021年9月4日凌晨

脚步，从襁褓开始

你一定从天国而来
你的眼睛怎会如此亮丽
你的嘴唇怎会如此纯净
你的到来
让我无眠
让我晕眩
让我喜极而泣

我要为你的双脚
准备辽阔的大道
为你的翅膀
准备无垠的天空
为你的眼睛
准备美丽的花园
为你的每一个记忆
都准备幸福
为你的每一个梦
都准备笑靥
为你的嘴唇
准备清晨的露珠
你的唇永远是纯美的
纯美的露珠的味道

孩子
人类的脚步
从襁褓开始
愿你的未来
走得健康 走得顺意
而我
愿用一生
陪护你走过的每一段征程
留下的每一寸脚印

如果可以

一只忧伤的猫

一只忧伤的猫
在日光下
用一生的时间
舔舐自己的委曲
孤独地
等石头开花
等云朵坠落
等树枝开出鱼儿
等地面长出鸟窝

没有谁告诉它
自然的奥义
没有谁告诉它
猫类的真情
人类的假意

有多少"共剪西窗"的温情,便有多少"巴山夜雨"的浪漫,有多少离愁别恨的无奈,便有多少望眼欲穿的期望。

　　泪眼,便是这么被西窗的风
——
　　给风干的

西窗

寄……

你总是出发
总是在某个来往的航域上
漂泊
直到疲惫已极
直到把自己耗成
松薄如纸
脆弱如丝
直到停靠荒凉的一角
修修补补
捶捶打打

直到
今天
你孤独地躺成一具永恒的睡姿
——
不再出发

夜河

从喧嚣的凡尘跌落
一跌到底
是一条静寂的河
以夜的形式
将世界孤绝地隔离

我于是在这夜河里,
打捞一条条
灵感的鱼

禅门

许是月光的造型?

光,以一只神秘的手,雕塑着树影,雕塑着门楣,雕塑着空气。

在幽幽寂寂、氤氤氲氲的湿空里,禅门便那样被浮沉着,朦胧着,玄隐着……

有暮鼓从门缝漫溢而出,挡也挡不住,一声声,一声声,敲得人神思切切,意绪绵绵……

有老僧跏趺默坐?致虚节,守静笃,禅法顿悟,明心见性。

佛性在心,凡胎在外。
佛法在内,凡尘在外。

隔着一扇薄薄的禅门,
心与心
却隔着一个
比宇宙还远的距离。

西窗

这样的窗,注定是用来望归的。

窗楣,绘着桃杏风香的清朗宋风图;曾经,定是住着一个兰心蕙质的女子,着一袭腊染长裙,绾一片云鬓高髻,插一支金步摇,熏一炷曼丹香,弹一支《霓裳》曲……

任光阴塞塞窣窣地流,只为了等待夕阳下,那扇锥心的窗口,窗口那急切的眺望
——
商旅人可在归家的路上?

望归的女人呵!有多少"共剪西窗"的温情,便有多少"巴山夜雨"的浪漫,有多少离愁别恨的无奈,便有多少望眼欲穿的期望。

泪眼,便是这么被西窗的风
——
给风干的

摄影 沈爱民

路出纤道处

当金荻不再漫到河的两岸,当翠鸟也没有杉林的停歇,当船舷不再犁出雪的浪花,当旧埠的商铺在风中摇曳……当拉纤的身躯,已逝成风干的灵魂远去。

当岸外之岸的喧碌,摄入薄薄的黑白照。

当河边之河的繁盛,系上厚厚的档案腰。

……

可否陪我,

走过那条,

古老的纤道?

路出纤道处,

有人听到齐力的号子在空中落下声竭的吼叫,挥洒的汗滴落进运河的声响……

有人看见赤裸的肩膀一道道紫色的索痕,粗砺的脚趾那浸血的裂纹……

有人说:

那曾经的脊背啊

——

拉着那个时代的生息与繁衍。

可否陪我,

走过那条,

古老的纤道?

……

2017年摄于浙江乌镇

水乡古镇

总喜欢
偏隅一方
嵌入青石以封蔽一路的风尘
总喜欢
任时光将香香的美味筛入河中,将温情的目光筛入河中,将瞬息的感动筛入河中……将茅盾出走时的春蚕与子夜筛入河中,将木心归来时的书籍与谈话筛入河中……
以沉重的沧桑隐藏
以流逝的水纹遗忘

可我
只想当一名合格的渔人,
慢悠悠地钓,
一兜兜地捞,
钓出往日的执念,
捞着曾经的温馨。

烟火

小窗张着耳朵
用一生的时间聆听河的叮嘱
一面薄墙袒露胸襟
用斑驳书写古镇的风雨与温馨
而岸边的古柳
时而将河水染黄
时而将河水渲绿

古镇旧了
屋角那方家传的灶台旧了
而今天的烟是新的
火是新的
囤在谷仓的米粒是新的
灶台上滴香的腊肉是新的

灶台翻滚的游子思念的味道
从童年到老年

是旧的
也是新的

2020年摄于甘肃某石油小镇遗址

石油小镇遗址

曾经的身躯
早已离散
曾经的汗水
早已风干
曾经的功绩
已存入光荣的历史档案
曾经的屋瓦墙院
已化作断垣残檐

一个镇要荒芜多久
才被人漠然遗弃
一个人要老去多久
才会被人无端想起

唯有几粒不经意的种子
途经鸟儿之喙
一不小心
便掉落成参天大树
向天空书写着

谁也猜不透的
温情故事

2018年摄于上海玉佛禅寺

到玉佛禅寺吃茶

最后一槌暮鼓声远去了
连同最后一批信众
夜追着课诵了一天的小僧的衣袂
在充满虔诚之气的长廊游荡
于是
菊花灯以夜的眼
醒了一夜
菩提树以夜的魂
香了一夜
落叶的经卷声呀
也窸窸窣窣地翻了一夜

披挂一身凉浸的风
沐浴佛龛檀香之气
掬水洗尘
脱鞋礼佛
静坐调息
沏茶咏茶点茶敬茶
白毫的回甘
红岩的酽香
迷惘的红尘中人啊
瞑思"禅茶一味"的妙境
凝想"吃茶去"的奥义
……
玉佛寺的茶
添了一味顿觉与了悟之香
这香
让时间停顿
让繁杂之心朗洁
让飘浮之心
——
回心

2020年摄于甘肃某无名废墟

废墟

地图上某一个小小的点
被抹去了
连同
晨曦的炊烟
牛马的归厩
青稞酒的淳香与胡笳的符音
连同
离去的跫跫足音
……
半截卡通铅笔
一只绿松耳坠
空荡荡的啤酒瓶
细若游丝
印证过往的温馨
……
要用怎样的诀别
怎样的毅然决然
怎样的泪眼涔涔
才能抛家弃园呵
这里不会成为怀古之地
也不会升华为一个寓言
似巧克力的脆屑
化为一片粉斋

可我
宁愿相信
这里是昨天的终点
宁愿相信
前方有簇新的归依

2020年摄于甘肃某无名废墟

废墟

行走荒原
与你相遇

要用多大的努力
才能证明
这不是梦境
要用多久的注视
才能看清
这不是一幅素描
鹰的影子虚无地一闪而过
不屑于损耗觅食的精力
寂寞的芨芨草哦
却开得
放肆而热烈

不忍品味破败残裂
不想探视车辙马迹
不敢回想那管美妙的羌笛
洞穿而来
惊搅远山的雪原

倦怠地投下一瞥
期待你的消融
如一滴水投入大海
又害怕你的消融
——
地球上再无你的踪迹

2021年5月摄于永州零陵香零山

香草祭

还有什么被遗失掉的
即便这座遗世独立的小山
因为你
有了一个闻名的名字
香零山

你以一种草的形象存世
但你的芳香惊动了朝野
无止采撷
还没来得及有一个动听的名字
便永远消失

可否套住时间的笼头
回溯
观赏到你的容颜
可否乘上一只独木舟
穿越唐汉
给你取一个芳香的名字

还有什么被遗失掉的
还有什么生命被损耗掉的
在这个地球上

2014年摄于柬埔寨吴哥窟

曦之吻

空气也染绿了
古老如墓的青铜色里，
陈腐的气息在林间游荡，
幽深的角落，也有过绚烂与明丽吧？
可有过合十的双手，嵌入虔诚的泪眼？
可有过娇羞的容颜，寻觅来时的路？
可有过稚嫩的小手捏着梦想与希望的绳，眺望纸鸢？
……
是否源于一个惊心动魄的故事？世界被浇铸了，时间被浇铸了，
百年又百年，白雪公主般沉睡如夜……

阳光的声音缓缓走来，
有如安徒生的王子之吻
——
将你唤醒。

售楼女孩

"好消息
内环稀缺
临湖独栋
只要七千五百万"

马路边
售楼女孩
塞我一张广告单
像推销一捆稻草 一棵青菜
推销一个天价楼盘

笑咪咪地接受我的拒绝

她休息的窝
一张窄窄的小床
挤满衣物
叠满传单
化妆品的瓶瓶罐罐
租金一月一千
好贵
她说
"石子可以变成一颗星
笨鸭可以成为飞翔冠军
……
加我微信哦
临湖别墅 空气新鲜"

我笑了
我这辈子买不起别墅
你这辈子却可以成为飞翔的天鹅
成为一颗耀眼的星

水滴石穿
还有什么做不成的

2021年5月摄于湖南永州甘裳村

空……

空
——
是如释重负
是倒腾后的新奇
是无限的可能
是拓展的亢奋
是激情的开始

侈奢的境界
不是满
是空
——
是空空荡荡

2015年7月摄于美国新罕布什尔州一住户

狄金森的窗

你将一件白色的衬衣
穿成了一个专属你的符号
穿成了一只翱翔的飞鸽
晨曦未醒
你秉烛
在窗下造梦
窄小的窗
便是你打开世界的窗口
几千个梦
飞在纸页
鸟语花香 蓝天白云
死亡之气 洪水汹涌

将身体隐避
将心灵放飞
将窗下的花园
烘焙出馥郁世界的花朵
用窗外的远山
拓展为不朽的风景线
用一双显微镜的眼
将卑微的生命宣赞

以一个固定的身姿
用一生
一页一页地
成就了最丰赡的
诗艺峰碑

2016年摄于云南弥勒县老街

门当户对

只要有柔情在茶杯馨香
只要有爱意在瓷碗满盛
粗茶也好
淡饭也罢
生活就落实了
幸福就开始了
门也当了
户也对了

门当户对
就是这么来的

2018年摄于成都宽窄巷

月光霓裳

夜的古巷
延着长长的幽阒
月光将一件璀璨霓裳
挂入我的梦境

许是前世情人的倩影
晚妆初了明肌雪
滴露翠庭叶
娇步出金阁
在袅娜暗香间
金缕绣罗地流光
银钗玉镯地曜煜
云鬓蛾眉地顾盼
……
一步一香尘
独步无声
静穆无尘
从汉唐走至明清

以一回头的倾城柔情
千娇百媚地
将牛仔服
谢却身后

你就那样与阳光合谋,将自己缩成一方水的形象,将自己焠成一粒粒湖的晶华,每一个眼神,每一绺微风,每一寸步履,都充满了海的气息,咸咸的梦的气息。

咸梦

种

我把梦种入池塘,取经书施肥,借哲思灌溉,在潋滟的波光里,静待灵魂发芽……

某个美得叫人落泪的黄昏,我小心翼翼地将灵魂一一唤醒,一一用文字排列,拾掇成萱草色的小诗。

在那片水域。

秋的残骸

秋在风的暮霭里
隐入一棵盘枝道劲的千年灵树
兀自叹息

终于
触目惊心的绝然坠落
一片片 一片片
遗落一地

那是秋的残骸
时光的残骸

怎么拾
也拾掇不起

诗意地栖居

夜
在虬劲的空气里
荡漾
雾
氤氲静谧的
潮香

依山而居
许是陶渊明式的避世
只为在独处里
那份
结庐在人境,而无车马喧的寂

遗世的你
是否正做着悠然见南山的远古清梦
是否以陶氏的田园心境诗意栖居

你却以早餐的炊烟
正午的劳作
夜晚的休眠
说
所谓诗意
不在避世
——
在心

2019年9月摄于青海茶卡盐湖

咸梦

茶卡盐湖的天空就是地面,地面就是天空,是草原一朵绽放的雪莲,是上帝啜泣的一滴泪,是海的遗腹子,袒呈着海的心跳与记忆。

地球一个轻轻的跺脚,茶卡盐湖便与大海分隔,这一隔,便是万年,便是永决。

你是否想回归大海?是否安于以内湖的形象命名?是否甘于日复一日地瘦?日复一日地,将自己瘦到变形,瘦到枯竭,瘦到不再有梦?

你就那样与阳光合谋,将自己缩成一方水的形象,将自己焠成一粒粒湖的晶华,每一个眼神,每一缕微风,每一寸步履,都充满了海的气息,咸咸的梦的气息。

你是否,
因缘一个奉献众生的慰藉?

2020年摄于甘肃水上雅丹

暖星

在高原，在夜的最深处，观星。

高原之星是活的，是坠落水中的鱼，是鱼鳞跳跃闪亮的休止符，是一条条冷隽、伤怀的五线谱。

是童年夏夜的梦。

童年的星，躲藏在奶奶摇动的蒲扇间，闪烁在冰镇西瓜的清凉里，藏匿在父亲一壶香香的龙井中……

那星，是捕捉在网兜里的一只只飞萤，是收集在广口瓶里的一盏盏明灯，是在没有星光的夜晚，给失眠人一个恬静的慰藉……

高原之星，近得比什么都远，远得比什么都近。

真想捉一颗星，读一个古老的故事，

捧一手星光，照亮神秘的命运线。

在凉夜，

暖我的手。

摄影 彭玉华
2019年摄于上海外滩

金色滨江

申城梦醒
天空不再暗翳
风的馥郁,水的潮润,弥漫在金黄色的浦江两岸,弥漫在一双双祈盼的瞳孔里。

当船笛携着昨夜的绚烂带来一天的激情,当隐隐约约的你在雾中绰然而立,我该用哪一格焦距,哪一档光圈,摄取你的鹤立之姿?我该用哪一组词汇,哪一番语言,表达对你的痴迷之意?
我看到
在穆然对焦的臂膀间,在雪雨的踏板上,翩翩飞舞着的,不是晚春飘飞的柳絮,不是庄周梦里的蝶翼,是心灵之光,在空中闪闪发亮
——
为你。

写于2021年春,新冠病毒在全球肆虐中

春寒水色有无中

被遮蔽的阴悒之天
充满悼亡之气
涉水
站在水岸
嗅到春寒散播的疠气
天空写满了遗书
树杈叠加风干的泪滴

当来历不明的毒雾从河面升起
心头的那份寒意呀
——
比南极寒
比宇宙广
比永远
远
无尽……

好在一轮微明之光
将沉沦到底的寒
抹了一丝丝希望的
暖意

2017年2月摄于浙江永嘉县茗岙乡

茗岙品雾

茗岙雾
是一位神仙找的一个地方
呼吸
肆无忌惮地铺陈
阒寂无声地翻滚
吐故纳新

喝着浓雾
我竟有些微醺
身体
比语言轻
听不到山下
千年拓荒的声音
看不见梯田
锄头啃过的齿痕
以及
比油菜花黄的艳
比明前茶绿的鲜
以及
小亭里那一对相爱的恋人

好在
光导引着回家的路
好在
雾以雾的方式述说一个秘密
朦胧即美丽

美丽的皱褶

地球老了
风将地球
老成一方美丽的皱褶

这样的美丽
我只能屏住呼吸
仿佛踯躅在海岸
爱海又怕海的处子
止步不前
仿佛冻红了笑脸
想堆一个雪人的孩子
犹豫不定
仿佛在一张簇新的地毯边
准备休憩的主妇
珍惜不舍
……
风却不管不顾地
以风的形式
泼墨、渲染、冲淡、飞白……
呼啸它的作品

我只想
敬畏地缩小
缩成一粒尘
微成一颗沙
隐身沙漠、大海、高原……
隐身
地球某一个皱褶里

2014年8月摄于西藏纳木错湖

蓝色的爱

经幡与藏袍
信仰与生活
以风景线的形式
向天空召唤什么

这里没有春天飘零的花瓣
也没有深秋的七彩斑斓
只有蓝
水天一色的蓝
静寂的蓝
窒息的蓝
惊心动魄的蓝
亘古不变的蓝

女娲与伏羲的爱
是这样的涌动着生命的蓝吗
这样的蓝呵
似乎过于深
似乎过于沉
似乎过于痛

2020年5月摄于甘肃315国道无人区

天路

心心念念走入无人区
心心念念
替奶奶去看那条
"抵达天堂的路"

风将一切生物卷走
老鹰也不屑光顾
云与云交换着
没有春天的梦
空气与空气
碰撞着干燥的痉挛声
在这里
没有人不想念江南清凉的河水
没有人不想念森林湿润的空气
没有人不向远方眺望
一条路
从天空飘落
以前人的身躯铺排
以灵魂的步履延伸
串起东西两岸的生命线
……
用一双鞋证明路有多远
用一顶帽当一枚邮戳
拍下
寄给奶奶

我没有告诉奶奶
路的尽头仍是路

没有抵达
只有开始

2015年摄于云南元阳梯田

杰作

放弃枯笔
拒绝渲染
一柄锋利的锄头
便绘出
千古素描线
……
接下来
任四季之风
将作品敷绿、抹翠、涂黄……
让肥硕的高原红土
发酵、孕育
饱满丰盈的底色线

抽根烟吧
线条大师
以艺术家的风范
等待
如同等待
待嫁的新娘
临盆的孩子
和一个瑞庆的新年

谁都知道
你等待的
不是亮闪闪的获奖金牌
而是
留白处散发的
浓浓的稻米香

祁连山印象

从青海湖的黄花
到达坂山的雪粒
从嘉峪关的旌旗
到日月山的羊群
从张掖的五彩土
到瓜洲的干果蜜
当我的面容抹上阳光与沙砾的褐尘
当我的手指染上风霜与青草的气息
当我
啃着牛粪熏烤的青稞饼
喝着鲜腥的羊奶茶
但我的瞳孔
却从来没有离开过你呀
——
祁连山

你是桀骜娇蛮的公主
拖着逶迤飘纱的绶带
风一回 雪一回地放纵自己的脾气
你是与云朵比赛的男孩
擎着一只只飞旋的风轮
蹦蹦哒哒数落自己的输赢
你更是一位静卧的侠士
无邪地袒呈自己
美得眩目惊心
……
我突然害怕你猝然苏醒
猝然抬头
猝然
——
抖落一身银甲
……
让我惊愕地羞涩
惊愕地悸动
惊愕地不知所措

2021年5月摄于湖南永州勾蓝瑶寨
洗泥宴,勾蓝瑶寨的传统节日

勾蓝水

勾蓝瑶寨的水，是母性的，是钩了天空的蓝染成的。

百年又百年，这水，将岸边的柳杉香樟浸绿，将凉亭戏榭漉驳，将牌坊石狮浣硬……将寨子的命运洗了又洗，将乡亲的故事淘了又淘。

而女人们，将少女的幻影揉碎，托负给靛蓝的天空；将中年的日子越捣越薄，心灵的尘土却越沉越静；将发髻盘成天边的云朵，将希望捞出，托付给远方的子孙……而自己，舀一碗勾蓝水，将日子过成一院的菜畦，过成院里一具扎实的石磨，磨一个梭子粑粑，腌一坛酸鱼，配一碗油茶，升一柱飘香的炊烟。

在某一个洗泥宴的清晨
以勾蓝水
等待远归的子孙。

2021年5月摄于湖南道县月岩洞

弦月天窗

　　开了天窗的月岩洞,是否藏着比海盗王的宝藏还珍贵的东西?

　　以上弦月的弧线,满月的饱满,下弦月的精致,动感地演绎月的造型。千年前,年轻的周敦颐,在里面静了很久,静到极致,便有了"动而无动,静而无静"的神妙意境,他看到天窗上方的云朵飘着关于太极图的形象与文字;他听到蝙蝠扑闪着五行阴阳的神秘的语言;嗅到雨水落下的纯粹至善的气息……直到,他看到了洞中的每一处缝隙,每一个褶皱里,都写满了思想与哲理。

　　醍醐灌顶的一瞬,他走出月岩洞,开创了中国理学的教义。

造一个夜晚

造一个夜晚
一个夜晚安眠
另一个夜晚用来绵想
思绪在沉寂中成长

造一个夜晚
让疲惫的地球停歇
让她畅快地呼吸舒服地做梦
受伤的疤痕痊愈
混浊的眼睛清澈
光秃的秀发浓密
有着青绿色的衣袂与雪白的发际线

造一个夜晚
如果我们无力阻挡战争与邪恶
那就让罪恶睡眠
让战争睡眠
让摧残地球与人类的脚步
慢了又慢
缓了又缓

伤痛日的雪

伤痛日的雪

你不是滋润人间的雨滴,雨水已先你而来先你而去;你不是照耀万物的太阳,阳光已回家憩息;你更不是坠落的花瓣,给这个世界披一件美丽的外衣。

你是每一个凉透了的灵魂,绝望而忧伤地
——
向死而生
无声无息

2021年5月摄于湖南永州潇水河畔

钓

你在钓什么

潇水仍是那时的潇水
暗礁仍是那时的暗礁
摇橹的咔咔声
甚至
柳氏的天籁之语
周氏的宋明理学
仍是那时的天才之书
仍是
流转至今
仍是
被时光沉入了智慧的水底

谁说的
与其钓两条大鱼
不如钓两条大儒

2021年4月摄于西藏林芝

藏区掠影

如果没有雪山与白云的衬托
玛尼堆只是一堆普通的石
如果没有风的吹拂河的律动
经幡只是一块美丽的布
如果没有一只手的拨动
卷经筒只是一个圆型的筒
……
因为有了人的温暖的手
有了信仰与慰藉
有了虔诚与神性
这一切
便有了灵魂
也有了深义

心光乍现

风的耳语徐徐走来，一步一步，不知从什么地方，走近，走近，近……
终于
——
心光乍现

佛说
这便是禅的奥义

2014年摄于柬埔寨吴哥窟

爱的定义

捆绑过紧
便失去水分
——
硬成石
化如泥

2021年5月摄于湖南永州东安县沉香寺

心光乍现

云层轻轻,有如一团丝绵,轻柔得让人胆怯。那种体悟,欲罢不能,又欲言又止,尴尬与暧昧不明。

真想手拂那片云层,让天空呈现湛蓝的明镜;真想吹去那淡淡丝绵,让天空清爽明丽;真想拨开那种暧昧不明的尴尬,让天空现出真实的性灵;真想抖掉那种小心翼翼的拘谨,放飞一个人绵想的心绪……

那是怎样的一种心怯,怎样的一种不忍。

而寺院,一定有某位高僧合十跌坐,静穆地,抚一串天珠,放下执念;一定有某位香客,焚香忏悔,洗涤尘心……

风的耳语徐徐走来,一步一步,不知从什么地方,走近,走近,近……

终于
——
心光乍现

佛说
这便是禅的奥义

摄影 房毅【美】

太阳宴

人类
吞食了地球
计划吞食下一席
素素的太阳宴

祭祖

清明
在长江入海口

燃一支红烛
豆光孤绝而悲伤
供一碟糕粮
米麦藏着大西北的残香
洒一斛淳酒
诵吟"一尊还酹江月"的豪壮

先祖从岷江流至沅江
父亲从沅江漂到湘江
我从湘江汇到黄浦江
但仍解答不了
那个著名的哲学命题
人从哪里来
又往哪里去

掬一捧滔滔流水
品不到上游甜沁的滋味
忆不起先祖慈祥的模样
如同后代将遗忘
我辈的模样
人类
永远溯不回
遥远又遥远
古老又古老的故乡

清明
在长江入海口
悲怆

香道

有些事
有些物
存在的意义就是毁灭
美好的一瞬就是灰烬
比如一支
为鼻子而生的
香

粹取
凝成一支有故事的精华
贵为一位香道师的藏品
以藤黄色的沉默
艺术地
悟道
收敛
走向
——
燃烧
缭绕地完成生命的意义

这是她的信仰
也是她的修行

此诗发表于2020年3月27日《德育报》

天使,别走……

你要走了
我来不及恐慌一个城市的死亡之气
来不及惊喜你天使般飞来的身影
来不及揩拭你与病毒抗争的额上的汗滴

你要走了
我来不及看到你摘去口罩的笑靥
来不及陪你在阳光下自由漫步
在蓝天下畅快呼吸

你要走了
我来不及炫耀楚文化的历史根基,称颂国的强盛
来不及带你听长江的涛声,看樱花的烂漫和黄鹤楼的古雅之气
来不及请你吃热干面、小龙虾和三鲜豆皮

你要走了
我来不及说出我一生的感激以及我未来的思念
以及……
"天使,别走……"

我有千千万万个来不及

期待一只有缘的手 / 180 / 心光乍现

号码

"306号
到柜台
306号"
……

窗外
欢快的小鸟
甩动夏天金黄的翅膀
一边蹦跳着歌唱
一边啄食一只虫
我想到自己的午餐
超市的肉价又涨了
五常大米是否正宗
苹果一箱还是半箱更划算
……
竟然发现
自己手里
正捏着306号

原来
我在这里没有名字
我只一个号
原来
更多的时候
很多的场景
人们
不过是一个号

银行取款是一个号
医院病床是一个号
殡仪馆的木匣子
也是一个号
与大米和珠宝没有关系
与财富和名气也没有关系

此诗发表于2020年3月24日《德育报》

我想知道……

我想知道你的名字
你的名字里一定有海的辽阔，山的坚毅
我想看到你的容颜
你的容颜一定有春的和煦，霞的美丽
我想读到你的日记
你的日记里一定写有国的伟屹，家的温馨

在没有云彩的天空，也没有繁星的夜晚
你跋涉在封闭的生死之沿
以青春唤醒青春
以生命修复生命

隔着屏幕
我愧疚已极
只想轻抚你防护衣下
疲惫的肩
只想轻吻你口罩处
汗湿的脸
只想
道一声珍重
说一声感激

影子

从出发到退场
高山、大漠、湖畔……
想拍一个风景片
却摄下了自己的影

影在地上写诗
平平仄仄起起伏伏
主题贴俯大地
表达悄无声息
紧跟主人
以没有花香也没有触感的自信
活在文字间
活在
每一片转瞬的光影里

写于2021年元旦

泄漏

当沙漏以最后一粒沙
写完一座小山
写完一册精美的台历
当时钟嘀嗒着匆匆的脚步
以无情的指针算计
当日暮投下长长的阴影
悄无声息地轮回四季
当光阴钻入人生的空隙
抹去绚丽的青春
消蚀最后一具肉体

蓦然回首
发现
有多少梦想
就会有多少遗憾
有多少计划
就会有多少来不及

生命就是这么一点一点
被泄漏掉的

观沉浸式舞剧,萨士比亚的《麦克白》改编的《不眠之夜》而无眠

灵魂在痉挛

王权的垂欲
巫帅的蛊惑
女人的虚荣
血腥与毒酒在宴席绽放
暴力与狂欢在舞厅飞旋
每一口呼吸
都暗藏威胁与利诱
每一只角落
都窃语阴谋与算计
每一丝微笑里
都拌有屠刀与欺骗

可是
灵魂憋不住了
纠结冲撞
血腥之手如玫瑰
蜷曲 窒息 痉挛
美丽的容颜
扭曲成卡西莫多
丑陋无比

终于
洗不掉血污的麦克白
纠结无眠的麦克白
请感谢一根必须的绳索吧
肉体与灵魂
得以
安歇

习惯……

习惯了
没有爱的辰夕
如同习惯了
没有星的穹窿
习惯了
没有花香的罡风
如同习惯了
弥漫雾霾的清晨
习惯了
灯光刺眼的夜晚
如同习惯了
车辙滚动的噪音
习惯了
在仄逼的空间翻身
如同习惯了
面对大海的叹息

世上还有什么被习惯了的事
还有什么被压抑着的
——
叹息

我不知道

奶瓶撞亮了夜的网

黎明
混进果园
成为一只
被幸福啃啮的果
奶瓶撞亮夜的网
砰磅出乳白色的天空
砰磅着蛋白质的乳香
以及一个果园的艳丽
……
醒来
从梦幻躺回柔软的床
从空想坐实身体的餐桌
这灌溉身体的
幸福的奶香
突然想起
十年了
那位砰砰磅磅的送奶工长什么模样
那只白底黑花的奶牛
长什么模样

还有多少人
还有多少事与物
在默默改善我们的生活

2021年摄于湖南宁远文庙。写于学子们高考之际

祈祷，爱的另一种形式

今天，我还能拿什么给你？我的孩子。

送你步入考场的一瞬，我真想当一绺聪明的空气，悄悄环绕在你身旁；我真想当一只犀利的啄木鸟，将你的错题一一啄掉；我还想自己是一波有力的浪花，推你跃入龙门的最后一跳；我幻想自己是一架稳妥的天梯，助你飞得更高……

还能拿什么给你？我的孩子。

还有祈祷。

一条暗藏千年的龙，在门楣微笑：
所有的祈祷都是爱
飞越龙门也是爱
爱的祈祷

2021年5月摄于湖南宁远文庙

守护

生来就是为了守护的,这一守,便是千年。

在日出日落间,银杏叶掠过庙宇台阶,鸟儿在它身上停歇,而对面的树影,也走过了繁茂与落地轮回的生命线。它认为柳宗元是最厉害的捕蛇者,他捕的蛇,逶迤到今天;它看到周敦颐来过这里,宋明理学的残香在殿堂盘旋;它还知道孔子的语言闪烁着星光,那光闪耀了上千年……

但它什么也不说
守护一座千年文庙
守护"仁义礼智信"的教义
是它的事业
也是它的操守

夏的午后

夏的午后，是用黄金打造的。寂静里，阳光屏蔽了一切，霸道而无声地，筑起一堵堵撞不开的黄金墙，将生物隔绝。而树叶，给镀上了碎金，水面，抛上了金片，玩皮小狗脖子上，也挂上了一只金黄的项圈。

只有蝉儿，不屑于树叶的黄金，踩着跳着，在枝头唱歌。

只有某个孤独的人，思绪飞越夏的墙，在阳光下驰骋。

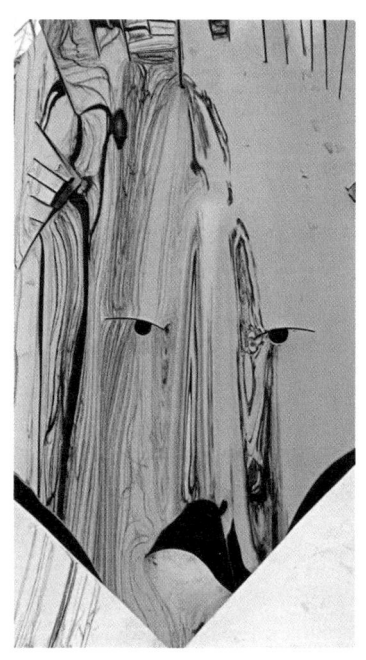

期待一只有缘的手 / 200 / 心光乍现

镜像

镜像
将面包扭曲
将楼房扭曲
将车辆扭曲
将珠宝与霓衫扭曲
将手机扭曲
将信息扭曲
将人也扭曲

我不知道
它照见的一切
是被它扭曲还是事物已被扭曲

摄于永州宁远县勾蓝瑶寨

网

一只聪明的蜘蛛认出了那个
淳香的酒字
于是编织
等待
贪吃的蚊蚋蝇虫
自动投网

写于湖南省博物馆 马王堆遗址 辛追夫人墓

辛追夫人

人类
煜煜生辉的名字
因思想不朽
因智慧不朽
因英勇不朽
而你
却因自身不朽

曾经的风华正茂
曾经的倾国倾城
曾经的
母仪一个荆蛮之地
千年前
跟随你的
绝伦的丝画
耕耘的种子
柔美的舞蹈
天籁的乐谱
仍然鲜活
触目惊心
……
你的出现
涅槃般地
以自身
成为文明
成为历史
成为传奇

孤独的小黄车

孤独的小黄车
躲匿一隅
纠结着
——
不是被人骑行
便是被人遗忘
的
宿命

绿色童年

童年的世界
是梧桐的世界
是绿得稠酽的世界
爬满了青虫
长满了痂眼
充满了香腥
落满了庭院
落成一张打滚的地毯
落成一绺飘飞的轻烟

童年的世界
是一把绿色的伞
挡了太阳遮了月亮与星星
是老鹰染了色的翅翼
孵化一窝同样的表情
是用同一缸染料
染着蓝绿的衣襟

童年的世界
只要渗进一点点空气
呼吸就顺畅无比
只要看到一滴星光
便以为看到了宇宙的光量
只要一丝巧克力的甜蜜
便品赏了顶极珍稀
只要一曲远方的音乐
便以为听到了天籁之音

童年的世界
是褴褛也是桎梏
是失落也是甜蜜
是一生也褪不掉的
——
绿的记忆

马路是一只长长的漏斗

马路上的行人
在一只长长的漏斗上滚动
是应该祝贺的人

马路上的行人
被漏斗摇晃
筛落
越筛越小
直到
悄无声息
直到
无影无踪
直到
从马路上坠落

马路上的行人
不停地添加
不停地坠落
……

飘移境像

是相机的多重曝光
是飘飞的叠影
是儿时的万花筒
是超现实主义图景

因为一个意外
眼睛
蒙了一层
真实的雾
把堆砌的笑脸抹成幻影
将漂亮的面孔扭成狰狞
在穷酸的脸上看到自信
……
从此
获得
意外的认知
意外的创新

2018年摄于成都某川戏剧院后台化妆间

变脸

勾红
涂黄
点绿
演员倒饬自己的脸
箱子里的五十张面具
画工细腻
丝薄透气

在表演的舞台
挥手间
赤脸关公
黄脸庞涓
黑脸包拯
……
忠诚的脸
勇猛的脸
刚直的脸

我突然很沮丧
我永远学不会变脸
我永远也变不了脸

期待一只有缘的手

宁愿就这样气若游丝地抵抗,宁愿红颜枯槁成一架镂空的骨茎,也要,期待一只有缘的手,掖我进一本厚厚的书册里。

与纸为伴
化骨成泥。

借一把天梯

你说,你不是佛陀举起的那朵波罗蜜花,引发摩诃迦叶会心的"拈花一笑",也不是诺亚在方舟上等待的鸽子,衔来的那枝和平与幸福的橄榄枝……

你是蟾蜍里那棵桂花树的一叶,由于吴刚的疏忽,一不小心,便坠落人间。

你说,月球很寂寞,寂寞的月球,寂寞到底,便有了分量。

如是
你想借一把天梯
重返寂寞的故乡。

褪到红藕香残时

秋风沉入前世的炫嚣,浓浓艳艳的你,褪去了粉红,褪去了翠绿,褪去了一池的艳。

褪到红藕香残时,你是否轻解罗衫,独上小舟地相思和愁闲?你是否在向天空拷问某种不解,诉说一个忧伤的故事?你是否向世界书写着充满天机的文字……

你以一种素素的形式退场,把自己瘦成一枝萋萋的残影,梗着感叹的长颈。瘦到尽头,以极简又极简的黑白掩饰沉淀。

可我知道,你在蓄谋着一个
——
丰艳的来年。

期待一只有缘的手

脆裂的暮秋,某个午寐时分,我失足于一个遥远的梦境。
落地成泥的一瞬,以一只纤纤素手溺水般地呼吸。
……
宁愿就这样气若游丝地抵抗,宁愿红颜枯槁成一架镂空的骨茎,也要,期待一只有缘的手,掖我进一本厚厚的书册里。

与纸为伴
化骨成泥。

生命必须承受之轻

恐惧于一缕轻柔的风
对你的袭击

你是飞舞的白天鹅的裙袂,闪亮透明
是雪地里毛绒绒的雪花球,静雅独立……

靠近你,我赤足蹑行,怕搅动每一寸清朗的空气
怕挡住每一片阳光,每一颗水滴
靠近你,我屏住呼吸,怕碰痛你每一根纤巧的触须
怕失去你绝伦的美丽

纵使千娇,纵使百媚,纵使你傲然独立
你却美人鱼般
踩着疼痛的泡沫
决然——
飞散而去
……
"我必承受生命之轻,才能繁育生命之重"
风传来你着床的声音。

写于一个有雾霾的清晨

清新何赖一枚石

没有擦肩而过,没有错失千年。在深一脚浅一脚的踯躅间,我邂逅了你。

某种莫名的意绪引诱我。绝美的花纹曾留连一族活泼泼的生命,那些满满的幸福的眼睛;一张张大开的嘴唇,在天空中恣意吐故纳新;灵魂在藻水中游荡,做着一个个腥甜的梦……

倘若山界与海界的两岸,还有第三界,那便是休养生息的你。

清清新新一枚石。

清新何赖一枚石?

此诗发表于2020年4月24日《德育报》

春犹在

2020年
隔居
我错过了整整一个春

错过了大地复苏的声音——
河水解冰的潺潺与叮咚
错过了蓓蕾绽放的一瞬——
桃红柳绿的芬芳与缤纷
错过了芦荻轻柔的摇曳——
河畔人们悠闲的倒影
错过了聆听鸟儿的呢喃——
在树林与山野的踏青

2020年
我有一种特别的感觉

当驰援疫区的天使拧成一条洁白的生命线
当胜利而归的英雄画出一道美丽的五彩虹
当祖国以健康昂扬之躯在东方屹立
……
我想写一首关于春天的诗
2020年的春天
——
春犹在
花满园

静笃且听游云

似花非花,却以叶的形象,美得触目惊心。
是树非石,却被赋予一个关于石的名字。
活化石。
一场毁灭性的劫难,世袭下来的你,可以用一亿年的时光睥睨一切,将所有的生命都看成一瞬。

而今天,你静笃犹听游云,气闲淡看烟飞。
且听一支短笛从河岸吹来金秋的晚风,
且看一座农庄忙碌着收获的背影,
且用一把小小的扇子,扇着一张紧闭的小窗,惦记一双新生儿清澈的眼睛。

哭泣的灯笼花

灯笼花在林中哭泣
眼泪
如吊在屋顶的一串串水晶
声音
在风中断断续续

她说
可以放弃了
我的人生
便是失败与绝望
如果用一生的精力只做一件事
如果因为一件事失去了所有的幸福与缘机
如果做了成千上万只灯笼
成千上万只灯笼却从未点亮
那
生活就没有意义
生命就可以放弃

喇叭花说
不是所有的喇叭都可吹响
不是所有的灯笼都能点亮
但我们
——
奉献了花的芬芳

写于2021年新春兰花盛开时

兰花的道歉

当第一滴露珠敲响黎明的梦魇
第一丝蕙风携来昨夜的香馨
第一缕晨光
扫描苍穹 扫描万物
扫描窎远的地平线

蛰伏的生灵
一一醒来
卓逸多姿
气象万千

我要向错过的阳光道歉
错过的暖风和大地的精灵
向昨天道歉
向抱怨过的人和抱怨过的事物道歉
向忽视过的人和忽视过的时间道歉
向明天道歉
向今天的懈怠导致明天的苍白道歉
向冷落过的美好的事物道歉
向我的软弱道歉
……
向每一位朋友道歉
每一个道歉都是我由衷的祝福
每一个祝福都携着春的暖意与无边的喜悦

然后
阳光下
绽放芬芳

向一颗麦子道谢

不是所有的食物
仅是用来果腹的

比如一碗拉面
比如一位精湛的厨艺师
优美的舞蹈
搓揉拉扯
甩翻侧转
一只律动的蝴蝶
飞舞银白的线
将生命的条索越压越薄
将哲理的层次越擀越细
将绵绵的思绪越拉越长
……
我要向厨艺师道谢
向拉面的前身
一棵麦子
和麦子的努力道谢

向阳光雨水和麦农的汗滴
道谢

橘子红了

秋风吹来的时候
果儿便熟了
阳光抚过的地方
橘子便红了
书香熏染的心灵
心智便厚了

厚重的心灵
一杆秤
怎么也秤不下了

仿海子诗《面朝大海 春暖花开》

面朝菜场 蔬果生鲜

　　从今天起，做一个俗世的人
　　买菜，做饭，挑挑选选，讨价还价
　　研究菜谱营养，四季生鲜

　　从今天起，和每一个亲友聊天
　　告诉他们我的成就
　　把香菜与香椿分开，把湖蟹与海蟹分开，把山药与牛蒡分开……
　　告诉他们关于一个菜场的美妙
　　有高原吹来的青稞与羊群；大海鲜腥的章鱼与牡蛎；北方的苹果与大豆；水乡的湖藕与荸荠。
　　鸡蛋嫂透过光推算蛋的生辰日期；馄饨西施的馄饨比丝绸滑细；金刚帅哥做的年糕柔软又甜腻；黑李逵做的豆腐白嫩如玉……
　　我给每一位菜贩悄悄起一个关于菜的名字，也给每一位幕后的菜农、渔民和山民祝福
　　祝福他们有丰收的喜悦！

　　而我，从今天起
　　只想做一个俗世的人
　　只想
　　支一口小锅
　　煮豆萁
　　烹小鲜

后记
万物皆有缘

我与数码相机结缘，多少有点偶然因素。2012年我在香港经过一家相机店面，受到店铺凉爽的空调和店员彬彬有礼的推销的诱惑，一时冲动，买下了当时最新款的索尼R7相机，这是我第一次拥有的一台数码相机。其实我当时对相机所有功能一窍不通，带回家便雪藏了。一年后，在一位朋友的邀约下，才跟随摄影师杜开震老师学习相机各项功能，从每一个按键开始。

之后，因一件不经意的小事，让我真正喜欢上了摄影。

一次去乡间行摄，看见路边沟渠旁一株盛开的蒲公英，白绒绒的花团在阳光下闪亮，美极了。我拿出相机对焦之际，一阵风吹来，蒲公英顿时飞散消失，只留下一支光秃秃的根杆。我居然泪流满面，感叹蒲公英的太短暂。就是那一刻，我产生了一种强烈的愿

望,用相机记录人与自然,留存有意义的瞬间。此后我无论去哪,必带相机。相机于我,好像是画家手中的画笔,钢琴家手下的琴键……没带相机,我出门都会手足无措,失魂落魄,感觉出行也变得没有意义了。

相机似乎让我的审美多了一双眼睛,在光与色的构建中,让我对外部世界变得更为敏感,对身边的看似不起眼的某一处,某一时,某一人,某一物所感动。那些随时随地环绕在生活当中的影像,都有着隐敝的语言,涌动着生命的精采片断,充满着美感与诗意,他们相互映衬,相互对望,相互谐美,相互通融,所谓你中有我,我中有你,有着千丝万缕的拆不开的缘。如是,每次出门拍到自己喜欢的照片,回到家,我不是让照片留置在相机卡片里,也不是封存在电脑硬盘里。我会沉下心来,在一杯咖啡的缭绕中,静静地凝视一张张沉默的照片。有的照片会用某种语言,某种氛围,某种外延提醒我,触动我,让我浮想联翩,让我情不自禁地诉之于文字。写完后,与照片一起发手机微信朋友圈,得到朋友们的认可,有热恋中的少男少女引作情诗的,有报社采用发表的……这些都给了我很大的鼓励,且拍且写,积腋成裘,竟然写了一百多首散文诗。于是，便萌生了结集出版的想法。我将诗稿寄给有着多年编辑和写作经验，并已出版数本书藉的作家顾雄，他赞成我这种并非纯粹的图片加说明文字的写法，而是以诗文为主，依靠想像，诗意地发掘图片之外的无垠空间，给人以情感的满足和美的享受。可谓一言点醒梦中人，我对此书的出版有信心了。

我通常不是主动为某一主题做研究，忙踩点，找风景，等时机。而是随遇随拍，当某一画面触动我时，我总是手忙脚乱，赶紧按下快门。往后我也不喜欢做过多的后期修饰，保持着按下快门的一瞬，那时的心灵悸动。这也是为什么将《期待一只有缘的手》归类为散文诗类的原因。

本书得以顺利出版，得到许多老师和朋友的大力支持，在此一并致以最由衷的感谢。

感谢作家顾雄对本书在出版细节上的帮助与建议！

感谢著名教育家、作家王晨光老师在我写作过程中给予的支持与鼓励！

感谢著名诗人关登瀛老先生为本书作序！老先生以最原始的方式手书写就，深为感动！

感谢上海师范大学林路教授!教授在百忙中拨冗写序,从"摄影文学"方面对本书作了深刻而中肯的点评。

感谢我的闺蜜,美女作家马忠静!她在自己写作最好的状态为本书写序,以妖娆的文字,充沛的情感,唤起了我们在鲁迅文学院学习的那段美好时光。

本书取用了唐春晖、房毅、沈爱民、彭玉华、陈卫等老师的照片。在此,一并感谢!

邓燕

2021年11月于上海衔香阁

图书在版编目（CIP）数据

期待一只有缘的手 / 邓燕著. -- 上海 : 文汇出版社，2021.11
　ISBN 978-7-5496-3633-4

　Ⅰ. ①期… Ⅱ. ①邓… Ⅲ. ①散文诗－诗集－中国－当代②摄影集－中国－现代 Ⅳ. ①I227.6②J421.8
　中国版本图书馆CIP数据核字(2021)第200554号

期待一只有缘的手

著　　者 / 邓　燕

责任编辑 / 黄　勇
封面设计 / 张　晋

出版发行 / 文汇出版社
　　　　　　上海市威海路755号
　　　　　　（邮政编码200041）
经　　销 / 全国新华书店
印刷装订 / 上海丽佳制版印刷有限公司
版　　次 / 2021年12月第1版
印　　次 / 2021年12月第1次印刷
开　　本 / 890×1240　1/32
字　　数 / 200千
印　　张 / 8.25

书　　号 / ISBN 978-7-5496-3633-4
定　　价 / 78.00元